DE LA DEUDA A LA TRANQUILIDAD

5 pasos que ayudarán a transformar tu vida financiera de una manera creativa.

INGRID CORREA G

Introducción

Más allá de lo que este libro pueda significar para ti, mi deseo es que encuentres en él las claves que te conduzcan a la tranquilidad que quizás has estado buscando.

Una tranquilidad que, aunque seguramente reside en tu interior, tal vez ha sido olvidada.

Ya sea porque algo se ha vuelto rutinario en tu vida, o porque a veces, para salir de un hoyo, lo único que necesitamos es levantar la mirada y ver la luz, mi profundo deseo es que encuentres aquí respuestas a tus inquietudes.

En algún momento, yo misma tuve que realizar este ejercicio. Mi pequeño mundo, ese al que estaba acostumbrada, no solo me agobiaba, sino que me hacía ver algunas situaciones como irresolubles. Entender cómo mejorar ciertos aspectos de mi vida no solo alivió mi alma, sino que también cambió mi perspectiva.

Por eso, considero una misión transmitir la información que he encontrado en mi camino personal y profesional pues hallar respuestas a mis inquietudes mejoró mi visión.

El conocimiento era necesario; no quería seguir por el mismo camino gris y agobiante. Por esto espero que, si este es tu caso, las siguientes líneas te guíen hacia una mejor comprensión de lo que buscas, ampliando tus horizontes para visualizar un mejor camino.

Conectar con ese deseo interno que habla desde lo más profundo de nosotros es crucial. Si comprendes el propósito de mejorar tu vida financiera, entenderás muchas otras cosas. Leer este libro puede ser un excelente primer paso.

En mi experiencia, muchas personas no creen en su capacidad para lograr sus metas, y esa es la razón por la que no se esfuerzan. Al principio, yo tampoco lo hacía, porque mucho de esto no lo entendía pero ahora es distinto pues veo las cosas con claridad.

Aunque las decisiones sobre el dinero y la vida dependen de lo que consideramos importante, es necesario cuestionar ciertos aspectos y reconocer factores inevitables.

Más de diez años asesorando a personas en servicios relacionados con el crecimiento financiero, me han enseñado que no todo se trata de números; a veces, el conocimiento es cuestión de sentido común, algo que no todos poseen.

La organización financiera requiere decisión, y las circunstancias suelen proporcionarla, sin embargo, comprender el dinero, su historia y el mundo actual facilita el camino y libera cargas. Es por esto que este libro es una invitación a tomar nota de lo útil, ya que algunos datos pueden ser la clave para situaciones desconocidas.

Si mientras lees, tomas tu mejor taza de café y escuchas tu música favorita (como yo ahora con "Sultans of Swing" de Dire Straits), sería perfecto :)

Para empezar, debo decirte que más allá de la cantidad de dinero, la tranquilidad económica reside en encontrar el equilibrio entre lo controlable e incontrolable.

A veces, una nueva perspectiva revela cosas inimaginables por lo que permitir que nuestro instinto fluya a través de nuevas posibilidades, evitará el estrés y el posible desasosiego, permitiéndonos avanzar con mayor facilidad y salir de la rutina.

La ventaja de analizar una situación es que, al exponer las dificultades, también encontramos soluciones. Solo debemos revisar si hay algo nuevo a nuestro alcance. El conocimiento es clave; libera dudas y nos impulsa. Comprender que los conflictos a veces son falta de información nos permite mejorar otros aspectos de nuestra vida, y ese es mi propósito.

CONTENIDO

Tu Brújula hacia la Tranquilidad Financiera:

Descubre por qué este libro es tu próximo gran paso.

A lo largo de mi experiencia, me he dado cuenta de que para algunas personas, organizar su vida financiera no es una prioridad. Es como el coro de "Smells Like Teen Spirit" de Nirvana: "Con las luces apagadas es menos peligroso...". Esa parece ser la respuesta.

Tal vez no lo ven necesario ahora, quizás temen profundizar en sus finanzas, o simplemente desconocen cómo hacerlo. Algunos piensan que pagar cuentas o soñar con no pagar ninguna es la única vida posible.

Henry Ford dijo: "Tanto si crees que puedes como si no, estás en lo cierto". Si eres de los que, como yo, quieren ir más allá de lo evidente, esta lectura es para ti.

Está comprobado que una vida tranquila, especialmente en lo financiero, mejora las perspectivas de futuro. Si, por el contrario, ves preocupación, escasez o dificultad, será difícil enfocarte en lo que realmente importa.

¿Por qué te digo esto? Porque replantear las cosas nos da control y realización. Aunque materializar metas lleva tiempo, el camino mejora nuestra calidad de vida. El dinero será un vehículo para nuestros objetivos, no una fuente de preocupación.

Es como tener las luces encendidas en la noche. Los psicólogos definen el autocontrol como la capacidad de regular emociones y comportamientos ante tentaciones.

A menudo, la mala planificación nos desvía, pero las "costumbres" y nuestros pensamientos son los principales culpables. Es por ello que decisiones precipitadas o motivadas por emociones inconscientes, sumadas a la falta de información, tienen consecuencias. Aunque el dinero es racional, nuestra mentalidad influye.

La falta de metas claras o la ansiedad por impresionar dañan nuestros proyectos de vida. Permíteme citar un poema de Mario Benedetti:

"No te rindas, aún estás a tiempo de alcanzar y comenzar de nuevo, aceptar tus sombras, enterrar tus miedos, liberar el lastre, retomar el vuelo.

No te rindas que la vida es eso, continuar el viaje, perseguir tus sueños, destrabar el tiempo, correr los escombros, y destapar el cielo.

No te rindas, por favor no cedas, aunque el frío queme, aunque el miedo muerda, aunque el sol se esconda, y se calle el viento, aún hay fuego en tu alma aún hay vida en tus sueños porque cada día es un comienzo nuevo, porque esta es la hora y el mejor momento. Porque no estás solo, porque yo te quiero."

Antes de seguir, agradece lo que tienes, incluso los problemas. La aceptación nos motiva al compromiso. En los últimos cinco años, un cambio en mis prioridades y perspectiva me ha transformado solo porque así lo decidí yo misma, de lo contrario jamás hubiera pasado nada.

Aunque siempre fui agradecida, valorar el dinero y su origen cambió mi vida. En realidad siento que me faltaba dar significado a las cosas, no darlas por sentado. Me faltaba notar a Dios en todo lo que hacía para que mi oscura realidad cambiara.

Fueron años de búsqueda de la "fórmula" para salir del desasosiego, pues vivía en piloto automático, sin rumbo claro.

Aunque luego de años ya no tenía deudas, me sentía frustrada.

Cansada de la rutina, esperaba un cambio mágico. No sabía que debía cambiar mis paradigmas. Tenía la lámpara, pero no sabía encenderla.

Me faltaba presupuestar, analizar mis números pero sobre todo apreciar más. La apreciación y en especial la gratitud es lo que te lleva a la determinación y plenitud.

Si generar dinero en ocasiones nos es difícil, ¿por qué lo perdemos tan fácilmente? ¿Por qué gastamos todo en lugar de ahorrar o invertir?

¿Será acaso que nuestras motivaciones se basan en ideas preconcebidas?

El Poder Silencioso del Dinero

Reflexionando sobre su Impacto en Nuestra Historia Personal.

Pocas veces nos detenemos a reflexionar sobre esta pregunta, pero nuestras decisiones diarias parecen estar más motivadas por creencias arraigadas que por lo que realmente nos conviene.

Pensar que algo es esencial para nuestra supervivencia puede ser la clave para entender nuestras acciones cotidianas. Si no sintiéramos tantas necesidades "justas", quizás el dinero no sería tan relevante. Sin embargo, en un mundo exigente, debemos analizar estas situaciones desde una perspectiva más amplia.

Hoy sabemos que tener conocimientos técnicos no garantiza una economía personal próspera. A menudo, la concentración en lo académico nos hace descuidar lo esencial. Aparentemente, quien gana mucho dinero está mejor, pero no siempre es así. He visto muchas personas endeudadas por subestimar situaciones.

Platón, en "Fedro", dijo: "Los deseos son como niños pequeños: cuanto más les cedes, más exigentes se vuelven". Esto refleja la insatisfacción constante por lo obtenido.

Para entender por qué el dinero se volvió tan importante y porqué por ejemplo el crédito se pensó como "la alternativa", hablemos de sus orígenes.

El trueque fue la primera forma de intercambio, necesaria para obtener alimentos y otros bienes.

En la antigüedad, el trueque era esencial para acceder a bienes básicos, sin embargo con el tiempo, las dificultades de almacenamiento y transporte llevaron a su reemplazo.

Así fue como se establecieron acuerdos para dar valor equivalente a los bienes, y se adoptaron metales preciosos como oro, plata y bronce y fue por ello que el trueque directo quedó atrás, surgiendo el primer concepto de dinero. Sin embargo, el peso de los metales dificultaba su manejo.

Los lingotes, medidos en "siclos", se usaban en transacciones. Aunque los metales tenían valor, el dinero se pesaba, no se contaba.

Se nombraron las piezas según su peso, como el "denario romano". Pero como no todos tenían balanzas, surgieron las monedas.

Se creó un medio fácil para intercambiar productos, con monedas grabadas para distinguir su origen, como las de Alejandro Magno.

Con el tiempo, el transporte de monedas se volvió peligroso por robos y por su peso. Así nacieron los billetes en el siglo XI, como recibos de depósitos de oro en bancos.

Los billetes, similares a los cheques actuales, permitían reclamar la equivalencia en cualquier momento, por todo ello, quienes tenían más productos para intercambiar, tenían más dinero.

El billete evolucionó, siendo el primero emitido en China en el siglo VII y en Europa en el siglo XVII. Con el desarrollo económico, surgieron servicios intermedios y profesiones especializadas.

Al principio, el dinero era de quienes tenían bienes "tangibles" para intercambiar. Luego, los servicios y conocimientos especializados permitieron a otros obtenerlo.

Quienes tenían maquinaria o conocimientos especializados obtenían mayores beneficios así fue como la necesidad de nuevas fórmulas impulsó el desarrollo de productos y mercados.

Los ayudantes y empleados no tenían las mismas oportunidades, pero el acceso al crédito en cuotas les permitió adquirir bienes por lo que el conocimiento económico estaba limitado a quienes tenían recursos. En los pueblos, solo unas pocas familias accedían a él.

Esto permitía a unos pocos obtener herencias e información privilegiada, avanzando en campos especializados.

Lo que nadie sabía era que la era de la información democratizaría el conocimiento, haciéndolo accesible a quienes tenían un computador.

Internet facilitó procesos y transacciones, creando nuevas oportunidades para quienes antes no las tenían, es solo por esto que quienes ofrecen valor a la sociedad siguen teniendo ventajas es así como muchos usan la deuda para invertir en conocimiento y mejoras.

Al día de hoy los bancos han mejorado sus servicios con transacciones virtuales. Las tiendas usan tecnología para mejorar la atención al cliente.

Los servicios de transporte usan aplicaciones para facilitar su uso. La información y servicios que antes eran inaccesibles ahora son gratuitos en internet.

Consultar a un médico o un mecánico incluso es más fácil y económico gracias a las opciones en línea.

Desvelando el Legado del Dinero:

Un Viaje Histórico para Entender Nuestro Presente Financiero.

Hablando un poco de historia, es crucial entender que cuatro modelos económicos principales han moldeado nuestra sociedad. Hemos transitado por sistemas complejos como el capitalismo, basado en la propiedad privada y el capital como fuente de riqueza, y otros más antiguos como el esclavista, feudal y mercantilista.

La economía ha estado presente desde hace miles de años. Desde que un pastor intercambiaba tres ovejas por una res, ya se hacía economía.

Los primeros sistemas agrarios se basaban en la agricultura, sin el dinero actual. Los intercambios eran por necesidad y mediante trueques de bienes esenciales, por lo que el dinero en realidad tenía otra connotación.

Es por ello que quienes realizaban estas transacciones no entendían conceptos como hipotecas o créditos. El trabajo se veía como algo cotidiano, no relacionado directamente con el dinero.

En la antigüedad, los préstamos se hacían entre individuos, basados en la confianza. En Babilonia por ejemplo estos se realizaban en templos, y en Grecia, por banqueros.

Para facilitar el comercio, se usaban los ríos como vías de comunicación, enviando mercancías hechas a mano. Así, muchas familias sobrevivían con el comercio de bienes básicos.

Con culturas como la romana, el sistema esclavista se convirtió en base de la economía. La riqueza provenía del trabajo de esclavos en la agricultura. Desde Roma, se distribuían mercancías al mundo.

Tras la caída del Imperio Romano, con sus fronteras definidas, la actividad económica se centró en los campesinos. Muchos buscaron refugio de saqueadores e invasores, encontrándolo en los castillos feudales. El señor feudal, con su ejército, protegía a quienes trabajaban la tierra.

A cambio de protección, se entregaba una parte de la cosecha al señor feudal y otra a la iglesia, el diezmo.

De este modo se promovieron ferias para el intercambio de productos, surgiendo una nueva forma de producción de riqueza y los primeros gremios de artesanos, precursores de las fábricas.

Con el tiempo, las invasiones disminuyeron y las ciudades crecieron, difundiendo la moneda, las letras de cambio y los pagarés.

La riqueza dejó de ser mal vista, ya que el trabajo dignificaba al hombre. Surgió la burguesía, una nueva clase social entre los campesinos, además de la nobleza y el clero.

El cobro de intereses se hizo público, como compensación por el riesgo posible de no recuperar el dinero prestado.

Todo esto contribuyó al surgimiento del capitalismo frente al comunismo. Las fábricas producían en cadena, y la riqueza se convirtió en un fin en sí mismo, no solo un medio para acercarse a Dios.

En el capitalismo, la meta era enriquecerse a toda costa para lograr un mejor estatus. Los más astutos prosperaron. Sin embargo, el capitalismo inicial avanzó con la falsa creencia de que las materias primas eran ilimitadas, lo cual se evidenció con la crisis del petróleo en octubre de 1973.

Esta crisis ocurrió cuando los miembros de la Organización de Países Exportadores de Petróleo (OPEP), liderados por el rey Faisal de Arabia Saudita, proclamaron un embargo petrolero dirigido a las naciones que apoyaron a Israel durante la Guerra del Yom Kippur.

Aunque esta visión funcionó con menos población, el aumento demográfico generó escasez. Por otro lado, el comunismo, basado en la premisa del bien común, a menudo se quedaba corto por la falta de principios sólidos.

El comunismo, fundado por Karl Marx y Friedrich Engels, buscaba la abolición de la propiedad privada, la eliminación de clases sociales y la igualdad socioeconómica.

Ahora, la conciencia de que los recursos son limitados ha generado un cambio en muchos sectores, buscando mejores oportunidades.

El valor de una moneda depende de los bienes y servicios que podemos intercambiar. Nuestra capacidad de aportar valor a otros define nuestro estilo de vida.

Este aporte se traduce en los lingotes o monedas que llamamos dinero.

Aunque inicialmente se usaron metales como oro y plata, su escasez y cotización llevaron a usar materiales como acero, níquel, oro nórdico o cobre.

Es por esto que las cifras en un banco simbolizan lo que poseemos en función del valor que intercambiamos con otros.

Sin embargo, la inflación es una de las principales causas de la pérdida de valor de una moneda por lo tanto la inflación descontrolada la deprecia aún más.

Además, la inflación aumenta los costos de exportación, haciendo que un país sea menos competitivo en los mercados globales, lo que amplía el déficit comercial.

Al entender el principio sobre el cual opera el dinero, comprendemos que está directamente relacionado con lo que podemos intercambiar: productos, servicios, ideas, etc.

Si el dinero no se invierte en algo que genere crecimiento, como el conocimiento propio o la mejora continua del servicio a otros, por mucho que se ahorre, será difícil cambiar la situación económica de una persona, una familia e incluso una sociedad.

Aprender a sintetizar y ampliar el conocimiento, junto con el desarrollo de habilidades, es clave para mejorar nuestra oferta de valor y enfrentar momentos de escasez. Esto amplía las oportunidades de servir y mejora las alternativas.

En la era de la información, se necesitan personas que ofrezcan conocimiento específico y organizado. Si tienes experiencia en alguna área o deseas adquirirla, este es el momento de enfocarte.

Con el crecimiento poblacional, se requieren soluciones a diversas necesidades. El dinero crea oportunidades para algunos y pierde valor para otros.

Aunque esto no se refleje en los libros de economía, es una realidad. No es lo mismo producir alimentos, procesos o ideas que benefician a muchos, que repetir una función mecánica.

Es por ello que la inflación te afectará cada vez más si no inviertes en mejorar tus habilidades o en formarte para ofrecer algo valioso a la sociedad.

El dinero que no se invierte bien pierde valor con el tiempo. Piensa en lo que comprabas con 100 pesos de niño y lo que compras hoy.

Esperar que el salario aumente al ritmo de la inflación es insuficiente. Un aumento anual gradual no compensa la pérdida de valor del dinero.

Espejos de la Vida Financiera:

Reconociendo los patrones en nuestro día a día.

Lo notas en tu calidad de vida, que mejora o decae. Si antes podías comprar ciertos bienes o servicios que ahora no, tu poder adquisitivo ha disminuido, afectando tu nivel de vida.

Por lo tanto, si guardas tu dinero debajo del colchón o en un banco sin intereses significativos, cuando lo saques valdrá menos por la inflación y posibles deducciones.

Asimilar esto antes de tomar decisiones impulsivas te ayudará a gestionar mejor tus emociones.

La falta de conceptos básicos o de conciencia sobre el manejo del dinero nos lleva a conflictos, usando tiempo y dinero en cosas poco útiles. Es por ello que los créditos no son la salida

Encontrar un propósito definido mejorará tus expectativas de vida. Ser un aporte a otros, más allá de tu actividad, te hará replantear muchas cosas.

Cortar las tarjetas de crédito no detiene el gasto innecesario más solo limita oportunidades como adquirir tecnología con descuentos especiales. La clave es entender cómo usar los recursos disponibles.

El problema no es el crédito en sí, sino la falta de educación financiera. Una persona educada puede usar el crédito responsablemente, independientemente de su edad.

El asunto radica en el desconocimiento de las condiciones del crédito y sus consecuencias. Esto puede llevar a la pérdida de patrimonio y oportunidades.

Por ello el problema no es la oferta de crédito, sino la falta de información y motivación para usarlo correctamente. Las decisiones emocionales y poco racionales llevan al incumplimiento de obligaciones.

Esto refleja una falta de control personal, dominio y autoestima por lo que es necesario analizar la causa raíz.

Aunque la economía de un país o región esté en crisis, no significa que tu economía personal deba estarlo. La clave es la planificación personal.

Acceder a pequeños créditos que copan la capacidad de pago es jugar con la ilusión de tener algo que pertenece al banco. Un mal manejo crediticio puede llevar a la pérdida del bien y bloqueos futuros.

Esto dificulta iniciar un negocio o acceder a un crédito hipotecario, debido al historial crediticio y tasas de interés desfavorables.

La generación de riqueza se vuelve más difícil, ya que el apalancamiento de la deuda con un buen historial es necesario.

Los préstamos tempranos en la vida llevan a postergar mejores alternativas, acumulando deudas pendientes. Si la persona desconoce las condiciones del crédito, puede perder su patrimonio y oportunidades futuras.

El problema no es la oferta de crédito, sino la falta de información y motivación para usarlo correctamente. Las decisiones emocionales llevan al incumplimiento.

Esto refleja una falta de control personal y autoestima, de aquí que sea necesario analizar la causa raíz. Aunque la economía esté en crisis, tu economía personal no tiene por qué estarlo. La clave es la planificación personal.

Acceder a pequeños créditos que copan la capacidad de pago es ilusionarse con algo que pertenece al banco. Un mal manejo crediticio puede llevar a la pérdida del bien.

Por tanto, lo que sucede es que, si luego esta misma persona quiere iniciar un negocio o tomar un crédito hipotecario, probablemente no lo va a tener, al menos no tan fácilmente, debido a que ya estará marcado en su historial crediticio, incluso para acceder a mejores tasas de interés que le ayuden a mejorar el peso de la obligación.

De tal modo que la posibilidad de generación de riqueza para esta persona, de no ser más hábil, le podría ser mucho más lejana, ya que el punto es que, en muchos casos, para construir riqueza el apalancamiento de la deuda a través de un buen historial es necesario.

Es aquí donde, desafortunadamente, cuando casos de préstamos han empezado tempranamente en la vida de tantas personas, es por lo que muchos postergan mejores alternativas pidiendo uno y otro crédito, pues aún se encuentran con pagos por hacer.

Es que además, si en algún caso hay letra menuda que no haya quedado clara, habría que revisar mejor, teniendo en cuenta además que no siempre se logra acceder a empleos que cumplan con determinados perfiles, es por lo que muchos quedan enredados.

Un caso distinto que conocí, pero con algunas circunstancias eventuales, fue el de Carlos, un excelente estudiante quien se graduó con honores de un reconocido colegio.

Debido a que al salir de allí, sus padres no contaban con todos los recursos para enviarlo a una Universidad fuera del país como se había planeado, accedieron a tomar un crédito que les permitiría continuar con su sueño. Así fue como también, en aquella oportunidad, se incluyeron aspectos como hospedaje y alimentación.

Sin embargo, pasado un tiempo, y aunque todo marchaba normal, el negocio de los padres de Carlos dejó de tener las utilidades que se esperaban, pues a causa de algunas situaciones este dejó de ser próspero como lo era en una época.

Así fue como Carlos decidió asumir tal préstamo por su propia cuenta, esto mientras pasaba la crisis de su familia y para poder terminar de pagar sus estudios. Sin embargo, una vez terminó, dado que el panorama para la familia nunca cambió, esto dejó a Carlos con una deuda por cumplir.

Teniendo en cuenta que al estar en el exterior esto le resultaba más costoso, esto no solo implicó situaciones difíciles para Carlos, sino también la postergación de otros planes y un pago continuo de intereses a causa de solicitudes de refinanciación que debieron hacerse para mantener el estilo de vida que llevaba.

Seguramente, si la familia hubiera sabido de esto desde antes de tomar dicha oportunidad, lo más probable es que hubiera tomado otro tipo de opciones. Sin embargo, con un plan tan definido como el que ellos tenían, basado en los recursos de los que dispondrían, esto les fue suficiente para la toma de decisiones.

Casos como este se presentan a diario, en donde muchas veces no es falta de voluntad de las personas, sino el que al encontrarse frente a situaciones adversas que a veces son inesperadas, es lo que hace que el hecho de buscar hacer una mejor planeación financiera también sea importante.

Pudo esto ser algo mayor, como un accidente o una enfermedad, por lo que la pregunta que cabe aquí entonces es ¿Por qué será que hay personas que, estando en mejores condiciones, no hallan la capacidad de manejar bien sus deudas? Mientras que otras sí.

Seguramente, como en la película "El Efecto Mariposa", en la cual su protagonista se ve forzado a hacer determinados cambios a fin de conseguir un resultado más favorable cada vez, un leve cambio en las motivaciones de cada quien puede ser la razón de esto, con lo cual se creen una serie de eventos que para cada cual crea efectos distintos.

En el caso anterior, aunque Carlos y su familia entraron en aprietos, de algún modo la historia no fue compleja, ya que, dada la profesión a la que ahora él se dedicaba, de algún modo era como los recursos ahora estarían ahí.

Sin embargo, comparado esto con el caso de muchas personas que, por ejemplo, utilizan la deuda como medio para adquirir bienes o productos que al final no les genera ningún retorno, puede que esto haga una gran diferencia.

Si, por ejemplo, en el mismo caso el crédito no se hubiera tomado para estudiar, sino seguramente para adquirir, por ejemplo, un vehículo, lo más probable es que Carlos, con la poca habilidad que tuviera a nivel profesional, hubiera tenido que emplearse en cualquier lugar en donde a lo mejor no le estaría dando las mismas posibilidades de mantener su automóvil o su calidad de vida, por lo cual seguramente este debiera ser vendido, y en este sentido el desear adquirir créditos nuevos le imposibilitarían el acceso a una mayor oportunidad, por lo menos en el corto plazo.

Es un poco como lo que sucede en la película "La Deuda" (2015), que narra la historia de Oliver Campbell, un ambicioso hombre de negocios que viaja a Lima, Perú, para cerrar un acuerdo de financiamiento con un banquero local.

Pero cuando el acuerdo se cae, Oliver se encuentra en una carrera contra el tiempo para encontrar una manera de pagar sus deudas y salvar su carrera. La película ilustra cómo la presión de las deudas puede llevar a decisiones desesperadas y cómo la falta de planificación puede tener consecuencias devastadoras.

Esta es la diferencia entre quien inicia en el manejo de los créditos con una mentalidad distinta de alguien que, por ejemplo, está pensando en establecer un negocio. Un emprendedor que utiliza el dinero para adquirir materias primas y procesarlas para venderlas a un mejor precio tiene mayores posibilidades de pagar el crédito con las ganancias de las ventas, asumiendo que cuenta con las habilidades necesarias.

Sin embargo, si la misma deuda, o más bien el cupo, lo utiliza esta misma persona para adquirir un crédito de vivienda, teniendo en cuenta que su empleo apenas le permite cubrir sus gastos y los de su familia, es posible que deba vivir mucho más ajustado y con pocas opciones a la vista, ya que este inmueble lo tomará como vivienda sin generar ingresos adicionales.

Cada caso es particular, y por eso debe analizarse según la situación personal. Normalmente, cuando un crédito se solicita a largo plazo para que las cuotas sean más bajas, al final se termina pagando dos o tres veces más el valor inicial, limitando otras posibilidades de progreso, especialmente si no se tienen las habilidades para generar ingresos adicionales.

Si bien el optimismo es importante para visualizar un futuro mejor, no es suficiente para enfrentar imprevistos. Ser realista y planificar objetivamente permite desenvolverse mejor.

Es básicamente como aquella frase de Helen Keller, que dice: "El optimismo es la fe que conduce al logro. Nada puede hacerse sin esperanza y confianza". Esta frase resalta la importancia del optimismo como motor para alcanzar metas, pero es crucial entender que el optimismo debe ir acompañado de acción y planificación.

Tu Realidad Financiera Bajo la Lupa:

¿Tu Entorno Impulsa o Frena tu Progreso?

El optimismo se puede plantear mejor cuando hablamos de nuevas estrategias y oportunidades para adquirir los recursos necesarios para desempeñar diversas situaciones.

No solo hablamos de recursos económicos, sino también de recursos personales. Es aquí donde se debe hacer énfasis en desarrollar habilidades que permitan desenvolverse mejor en diversas áreas.

Dicho de otra manera, el optimismo bien enfocado permite establecer mejores posibilidades y oportunidades, y así avanzar en lo económico. Sin embargo, cuando hablamos de optimismo como una palabra suelta o un simple sentimiento, corremos el riesgo de caer en el inconformismo, incluso con deudas pequeñas.

Por otro lado, la publicidad juega un papel importante en impulsar la compra, apelando a las emociones a través del olor, sabor y textura de lo nuevo. Esto lleva a muchas personas a cambiar constantemente de ropa, vehículo, muebles, teléfono y otros bienes, impulsados por la aparente necesidad de "actualización".

Aquí algunos conceptos a explorar:

Optimismo con Fundamento:

- Es importante diferenciar entre un optimismo ciego y un optimismo fundamentado en la realidad.
- El optimismo debe ser un motor que impulse la acción, no una excusa para la inacción.
- Desarrollar habilidades y conocimientos es fundamental para convertir el optimismo en logros tangibles.

Consumo Consciente:

- La publicidad puede crear necesidades artificiales, impulsando el consumo impulsivo.
- Es importante desarrollar un consumo consciente, priorizando las necesidades reales sobre los deseos momentáneos.
- Reflexionar sobre las motivaciones detrás de las compras puede ayudar a evitar el endeudamiento innecesario.

Equilibrio:

- Existe un balance entre optimismo y realismo.

- El optimismo te da impulso, pero el realismo, te da enfoque.
- La planificación es clave para que el optimismo se convierta en algo real.

Por experiencia propia, sé lo que es estar involucrado en una campaña publicitaria y conocer los mecanismos que se utilizan para llegar al consumidor en donde se busca emocionar al cliente con productos y servicios que se presentan como absolutamente necesarios, motivándolo a adquirir lo último en tendencia.

Lo que muchos no saben es que en las campañas publicitarias se utilizan imágenes de alta calidad, música envolvente, aromas tentadores... todo para crear una experiencia que haga sentir al consumidor que necesita ese producto en su vida.

Tener esta experiencia tan cercana me hizo reflexionar sobre mis propios hábitos de consumo. Me di cuenta de que muchas veces compraba cosas que no necesitaba, simplemente porque me faltaba cierto criterio o porque algo necesitaba cambiar en mi.

En primer lugar, es cierto que como seres humanos sentimos la necesidad de comprar, ya sea para obtener alimentos, ropa o artículos que facilitan la vida, como teléfonos o decoración.

Sin embargo, con la tecnología y la disponibilidad constante de productos en internet, debemos analizar los factores que impulsan nuestras compras.

Por lo tanto, ¿qué sucede cuando las compras se vuelven compulsivas, motivadas por factores ajenos a las necesidades reales?

A menudo se habla del consumismo estadounidense, como las compras masivas en el Black Friday. No obstante, los intereses de crédito en EE. UU. suelen ser más bajos que en Latinoamérica, lo que cambia el impacto económico. En consecuencia, copiar esos patrones de conducta puede ser perjudicial.

De hecho, la compra compulsiva es un deseo incontrolable de adquirir cosas innecesarias, generando gastos excesivos y frustración personal. Por otro lado, los expertos en psicología identifican la "anticipación" como la primera etapa, donde se idealiza un producto o servicio como solución a una necesidad.

Si, por ejemplo, la compra no genera los beneficios esperados a largo plazo, es importante analizar si hay problemas subyacentes. En efecto, el acto de comprar implica investigación y toma de decisiones, pero ¿existen alternativas para satisfacer la misma necesidad sin gastar innecesariamente?

Por ejemplo, si la necesidad es "lucir bien", ¿no se podría reemplazar la compra de ropa por ejercicio o danza? En realidad, las compras compulsivas suelen ocurrir en el momento, pero analizar las opciones con anticipación puede evitar gastos impulsivos.

Además, si los productos no llenan el vacío personal, la persona puede sentirse desilusionada y triste por el gasto. Por ejemplo, comprar un vestido para una fiesta puede estar motivado por el deseo de impresionar a otros.

Las Emociones al Desnudo Financiero:

Cómo Nuestros Sentimientos Moldean Nuestras Decisiones de Dinero.

En este sentido, es importante preguntarse cuáles son las motivaciones reales detrás de las compras impulsivas. ¿Buscamos sentirnos validados por otros? Por un lado, el comprador compulsivo busca elevar su estatus social para aliviar emociones negativas, mientras que, por otro lado, el acumulador busca objetos con valor sentimental.

En el caso del comprador compulsivo, descarta rápidamente los productos, mientras que, en el caso del acumulador, se apega a ellos. En la película, "Confesiones de una compradora compulsiva", se muestra cómo la adicción a las compras puede llevar a la deuda. De hecho, este trastorno es más común en mujeres y suele estar asociado a otras enfermedades mentales.

En efecto, el gasto excesivo puede ser un indicio de trastornos de personalidad, ansiedad, depresión o baja autoestima, que pueden tratarse con terapia, libros de autoayuda o grupos de apoyo.

Por lo tanto, llevar un registro de gastos ayuda a identificar patrones y controlar las finanzas. En consecuencia, un presupuesto es esencial para evitar gastos innecesarios. Además, usar el dinero de forma creativa implica evitar compras impulsivas y limitar el uso de tarjetas de crédito.

Asimismo, si hay excedentes, se pueden usar para pagar deudas o invertir, siempre que el interés supere el del crédito. Por último, un cronograma de pago de deudas evita retrasos e intereses adicionales.

En otras palabras, la gestión de emociones mejora la gestión de expectativas. Sin embargo, las decisiones impulsivas suelen salir mal. Por otro lado, la incertidumbre por la limitación de ingresos es comprensible, dada la pérdida de empleos por la tecnología y el aumento de necesidades básicas.

En lugar de invertir en bienes que se deprecian, es mejor invertir en conocimiento. Además, las deudas con intereses variables pueden generar angustia. Por ende, buscar alternativas y equilibrar las finanzas es crucial.

En resumen, más allá de los números, es importante saber a qué apuntar. De hecho, algunos pagos son urgentes, pero se pueden manejar con control emocional. Por suerte, mi experiencia me permite ayudar a otros a encontrar oportunidades.

A continuación, exploraremos el concepto de crédito y sus implicaciones. En efecto, pedir dinero prestado tiene dos caras: las expectativas positivas no bastan, se necesita claridad y conocimiento.

Finalmente, un préstamo surge de una necesidad, pero es importante analizar las motivaciones detrás de las decisiones. Por tanto, conocerse a fondo ayuda a tomar mejores decisiones. El objetivo principal es revelar aspectos desconocidos o ignorados.

Detenernos a pensar si nuestra vida se asemeja a la de otros, hasta el punto de sentir la presión de poseer lo mismo, especialmente sin haber sentado las bases para ello, es un primer paso crucial para tomar consciencia de nuestro punto de partida.

Mientras que algunos pueden disfrutar de ventajas materiales, otros pueden haber adquirido sus posesiones a través de herencias, préstamos o circunstancias particulares.

En consecuencia, intentar emular esos estilos de vida sin el conocimiento o los recursos necesarios, como un empleo estable o perspectivas de crecimiento, puede llevarnos a buscar atajos, incluso a través de medios ilegales, impulsados por la presión social.

Es aquí donde surge el problema. Muchos recurren a facilidades crediticias sin cuestionar si estas decisiones se alinean con sus aspiraciones reales o si están sacrificando oportunidades a largo plazo por gratificaciones momentáneas.

Situaciones como:

- Sentirse avergonzado por usar la misma ropa repetidamente.
- Evitar lugares de moda por temor a no encajar.
- Preferir alimentos costosos a opciones saludables y económicas.
- Priorizar la apariencia del vehículo sobre la funcionalidad.

Estos son aspectos culturales que merecen una revisión profunda. En efecto, creer que somos el centro de atención constante puede generar ansiedad y desangrar nuestras finanzas.

Influencers y celebridades a menudo proyectan una imagen idealizada, sin revelar la realidad detrás de escena. De hecho, gran parte de la ropa que usan es prestada, alquilada o modificada. Los sets de filmación y las pasarelas están diseñados para evocar emociones, pero todo está sujeto a presupuestos y retornos de inversión.

Imitar a otros sin considerar nuestras propias necesidades y circunstancias solo perpetúa un ciclo de consumismo. Por ende, es crucial cuestionar nuestras motivaciones y prioridades.

El miedo a la pobreza y el juicio social pueden distorsionar nuestra percepción de la realidad. Sin embargo, un estilo de vida modesto, enfocado en el crecimiento personal, no es sinónimo de pobreza. Por el contrario, priorizar la educación, la salud y el desarrollo profesional puede generar mayores beneficios a largo plazo.

De hecho, muchos no éramos conscientes de las diferencias sociales hasta que comenzamos a socializar y a internalizar mensajes externos. Por ejemplo, un niño que se identifica con una víctima de bullying en la televisión puede comenzar a sentirse inseguro y a modificar su comportamiento para evitar el rechazo.

En consecuencia, es posible que hayamos elegido profesiones o estilos de vida para buscar validación externa, en lugar de seguir nuestras propias pasiones. Por lo tanto, es fundamental trabajar en nuestra autoestima y dejar de preocuparnos por el qué dirán.

Por supuesto, estas son solo situaciones hipotéticas, basadas en experiencias compartidas. No obstante, reflexionar sobre ellas puede ayudarnos a identificar patrones de comportamiento perjudiciales.

Creer que todos nos observan constantemente nos impide enfocarnos en nuestras propias metas y en ser una fuente de inspiración para otros. En otras palabras, liberarnos de la presión social nos permite avanzar con mayor libertad.

El Legado de la Deuda Familiar:

Rompiendo Ciclos y Construyendo un Futuro Financiero Sano.

Es innegable que muchos hemos crecido influenciados por situaciones relacionadas con el dinero, ya sean experiencias de abundancia o de escasez. En consecuencia, estas experiencias han moldeado nuestra percepción del dinero y nuestra forma de tomar decisiones financieras.

En algunos casos, el nivel de vida ha obligado a las familias a recurrir a préstamos como una solución temporal durante las crisis económicas. Sin embargo, la falta de oportunidades o el fracaso de proyectos personales ha llevado a la pérdida de bienes e incluso a la emigración.

Como resultado, algunos hijos han internalizado la idea de que la deuda es la única salida a las dificultades, adoptando este patrón como una forma de vida para alcanzar sus sueños.

Familias con Miedo a la Deuda: Por otro lado, algunas familias consideran la deuda como algo negativo, asociándose con experiencias traumáticas. En consecuencia, para quienes no se preparan adecuadamente, la deuda puede generar conflictos y desequilibrio, especialmente si se utiliza para gastos básicos en lugar de inversiones productivas.

Ante la presión de los cobros, estas personas pueden bloquearse y estancarse, cerrando la puerta a futuras oportunidades de crédito.

Familias Estafadas o Abusadas: Además, existen familias que han sido víctimas de estafas o abusos de confianza al intentar ayudar a otros. En consecuencia, han optado por cerrar todas las posibilidades de ayuda, incluso para sí mismos, llegando incluso a sufrir agresiones.

Todo esto ha generado una serie de prejuicios y creencias negativas sobre la deuda, sin reconocer que el problema radica en la falta de soluciones viables, no en el dinero en sí.

Conflictos por Dinero en Latinoamérica:

Es importante destacar que los conflictos por dinero trascienden el ámbito familiar. De hecho, la desigualdad social es una de las principales causas de conflictos en Latinoamérica. Por ejemplo, la "Guerra del Oro" en Colombia y el narcotráfico han demostrado cómo la ambición desmedida puede llevar a la violencia y la corrupción.

En estos casos, el dinero se convierte en un fin en sí mismo, en lugar de un medio para el desarrollo, privando a muchos de oportunidades en otros ámbitos.

Tu Valor No Tiene Precio:

Fortaleciendo tu Autoestima Financiera para Tomar Decisiones Poderosas.

Según informes de la Organización Mundial de la Salud, son muchas las personas que padecen de baja autoestima iniciándose esta etapa por lo general en el entorno escolar siendo esta una variable de uso frecuente que pretende explicar el éxito el fracaso o circunstancias que caracterizan la vida de una persona. (Enríquez, 2018).

Siendo la adolescencia una de las etapas más críticas en el desarrollo de la valía propia, es la autoestima un factor determinante para el desarrollo de la personalidad salud mental y adaptación al medio, lo que ocasiona repercusiones importantes no solo en las relaciones interpersonales sino en la adaptación al entorno (Ojeda y Cárdenas, 2017).

Es en las instituciones educativas donde es común observar a adolescentes con baja autoestima pues de acuerdo con cifras de la OMS en 2018 indica que una de cada cuatro personas entre 7 y 17 años tiene una baja autoestima y reconoce sufrir síntomas de estrés postraumático ansiedad y depresión según una encuesta realizada a 25.000 estudiantes.

En este escenario y en la mayoría de los casos según lo explica el informe, parece ser que las situaciones tan comunes básicamente se limitan a la convivencia educativa en donde algún tipo de presión puede afectar no solo el desempeño académico de una persona sino muchas otras situaciones que pueden afectarle en la consecución de logros.

De algún modo el sentirme identificada con esto, me hizo comprender que, si bien era cierto prestarle demasiada atención a un entorno que apenas si era pasajero, no era lo ideal pues escuchar críticas de la gente que tenemos a nuestro alrededor y hacer válida su opinión, es no darle paso a lo que puede ser de nosotros mismos con nuestras propias habilidades.

Como dijo Frank Sinatra en la canción "A mi manera" popularizada en 1969 con su versión en español de "My Way" escrita por Paul Anka en donde habla sobre hacer las cosas a tu manera y no arrepentirte de tus decisiones. Aquí un fragmento de la letra:

"Y así llegué al final descubrí que mi camino fue siempre el de vivir a mi manera".

Así es que para muchos la deuda puede iniciarse representada más en una carencia de proyectos propios, de falta de mejores modelos a seguir que verdaderamente motiven que en la verdadera escasez del dinero en sí, pues es la consecución de un logro personal en relación a aquello a lo que nos atrevemos lo que debería motivarnos a ir por más que la paga por ello, pues ahí donde al parecer nos quedamos y en ese estancamiento es donde limitamos nuestro progreso.

Otro de los elementos a destacar aquí, es el castigo que para muchos puede significar desde pequeños el hecho de querer apoyar a otros, pues para quienes hemos crecido bajo estrictos regímenes educativos y/o personales, el hecho de hacer solos las cosas como alguna tarea en sí parece que es mucho más aplaudido que el trabajo en equipo.

Trabajo que pocas veces se incentiva, dejando que la cooperación con otros a través del intercambio de habilidades afecte la autoconfianza en especial en esta etapa tan importante de la vida.

Pues es en donde el amor propio debería empezar a manifestarse, entendiéndose que en esta nueva etapa de ese "volar solos" es la que ahora debería estar más disponible en relación a la coordinación de elementos de ayuda mutua.

De alguna manera, al analizar dichos estudios, el entender que es en especial para las mujeres que esta etapa representa todo un reto, pues es por lo general en la que en mayor medida se busca alejarles de muchos posibles "peligros" que para muchos padres puede significar el contacto con nuevos mundos, puesto que a falta de una mejor validación personal se tiende a esconder muchas veces algunas preocupaciones de padres o tutores y al no alentar el libre desarrollo de la personalidad con lo que por el contrario se tienda a generar una posible limitación frente a eso.

Cabe anotar que si bien es cierto esta es una etapa crucial en la etapa del ser humano, la cual debe ser monitoreada también hay que decir que permitir el desempeño personal en nuevos entornos ayudará significativamente a fortalecer el pensamiento crítico y posterior toma de decisiones más acertadas.

Es por esto que continuando con dicha encuesta en donde para las mujeres al autocuidado resultó ser muy importante, de alguna manera es aquí en donde se inicia también para muchas un patrón de gasto representado en la compra de ropa, perfumes y maquillaje que en algunos casos podría ser excesivo ya que al sentir que este beneficia el sentirse más seguras ante los demás, puede ser en algunos casos lo que contrariamente genere una conducta inadecuada frente al gasto.

De algún modo son los hombres quienes por el contrario en esta etapa se sienten más atraídos por prácticas deportivas o de gimnasio, situación que aparte de generar menor consumo, para muchos resulta ser un aporte en su propia autoestima.

No en todos los casos claro está y no pretendo hablar de lo que desconozco a fondo, sin embargo, la propia observación es lo que me ha permitido darme cuenta de este tipo de cosas.

De aquí que, por aquello de la competencia dentro del género, el interés educativo pueda surgir más fácilmente viéndose más motivados por su formación profesional dependiendo del entorno en el que crezcan.

Pues se reconoce en este estudio que la formación con personas con intereses similares puede ayudar en la formación de objetivos de igual proporción.

Es por eso que tantos libros hablan de la necesidad de reunirse con aquellos quienes llevan algunos logros más adelantados que los propios, pues es ahí en donde se aprende a avanzar.

A lo mejor si el dinero que generas ahora a causa de muchos compromisos es lo que no te permite realizar tus propios logros o tal vez lo que debes te abruma y no te da espacio para pensar, debes saber que siempre hay salidas como por ejemplo empezar por recortar gastos fijos para poder dar espacio al compartir en otros ambientes.

Revisar con detenimiento si esa situación es la que deseas perpetuar o no, es lo único que hará que tomes impulso pues si tu no avanzas en tus propios planes o intereses

¿De qué otro modo saldrías de este punto?

Hoy te invito a que reflexiones acerca de esto que has leído hasta aquí, a que hagas tu presupuesto basándote primero que nada en tus propias metas de crecimiento como una prioridad para que luego ajustes los gastos de manera que tus ingresos sean compatibles discutiéndolas ojalá con alguien que esté en este mismo camino si es necesario.

El que te des cuenta de que la deuda no es el mejor camino, pero si el que analices que en el desarrollo de mejores habilidades que te generen ingresos es un gran avance hacia esa abundancia que tanto has deseado es un buen camino.

El Motor de tus Finanzas:

Descubre tu "Para Qué" Vital y Cómo Impulsa tu Tranquilidad Económica.

Sentir que algo tiene sentido, en realidad es encontrar la suficiente motivación para hacer algo pues cada uno es quien da dirección a su propia vida. Es por eso que cuando encuentras esto, sea lo que sea que estés buscando es algo que te puede ayudar en mucho.

Por ejemplo: Si trabajas todo un mes, pero este solo tiene su fundamento en pagar solo cuentas, puede que esto sea lo que no te esté motivando y por ende lo mismo que haga que no busques algo mejor pues para nadie es halagador vivir de esta manera y lo sé por vivencia propia.

Sin embargo, si defines que organizar mejor tus finanzas esto es lo que te llevará a obtener algo muy gratificante y más allá de la simple supervivencia, como por ejemplo pagarte un viaje al lugar de tus sueños puede ser un detonante y lo que mejore mucho la percepción que tienes acerca de para qué es que haces lo que haces.

En mi caso, sentía muchas veces que como todo lo que ganaba lo distribuía en apenas las obligaciones cotidianas sin dejar nada para nuevos proyectos o situaciones, esto era lo que hacía que me sintiera aburrida en general con la vida y casi al borde del desinterés, sin embargo, no fue sino en la medida que cambié a ver algo diferente lo que me hizo cambiar de perspectiva.

Fue el darme cuenta de que, si con menos esfuerzo podría hacer mejores cosas, esto me daría espacio para hacer muchas otras cosas.

En mi caso no fue el dinero una motivación, sino el tener tiempo disponible para hacer lo que me gustaba. Esto conllevó a que sin proponérmelo generara una nueva fuente de ingresos a partir de lo que disfrutaba y que por ende pagar las deudas me fuera más fácil.

A veces tan solo se necesita encontrarnos a nosotros mismos para saber qué es eso que nos motiva en la vida.

Tal vez como lo dije al comienzo, empezar por valorar nuestras cualidades, esas que no son tan visibles en un día corriente es lo que puede darnos muchas mejores perspectivas. En mi caso siempre me agradaba enseñar, pues era algo que hacía todo el tiempo casi que sin darme cuenta.

Esto conllevó a que encontrara otra manera distinta de generar dinero además de las ventas a las que al comienzo en exclusiva me dedicaba, por consiguiente, la percepción que tenía de lo que era trabajar cambió por completo.

Probablemente en tu caso sea algo distinto, a lo mejor sentir que puedes hacer algo de otro modo es lo que te permitirá ver que esos dones o cualidades que tienes son tu mejor manera de expresarte.

Hay una serie de formas de contribuir que te pueden ayudar, como una guía aquí te dejo algunas:

Enseñar, Proteger, Curar (Emocionalmente), Inspirar, Ayudar, Servir, Nutrir (Emocionalmente).

El caso es que ante esto es mejor ser creativo que quedarse a esperar a que alguien te diga qué hacer. Sin embargo, esto solo se logra si tienes tus finanzas bajo control.

Buscar mentores que ya hayan hecho algo en el área en la que te interesa, puede ayudarte mucho a dar luces acerca de lo que podrías hacer.

En ocasiones pasaba que cuando daba una charla a un pequeño grupo de personas esto no pasaba de ahí, sin embargo, sucedió un día que en uno de esos grupos alguien me llamó y me pidió que fuera a la empresa de un conocido a dictar un taller y esto fue lo que propició nuevas cosas.

Así entendí otra parte de las cosas, a veces solo es estar dispuesto y así entendiendo que cada espacio era una nueva oportunidad por lo que pagué por cursos, entre otros los de desarrollo personal y oratoria para mejorar algunas habilidades.

Es por todo esto que no puedes quedarte solo con lo que ves, se trata de intuir que algo mejor vendrá pues si alguien más lo ha hecho porqué tu no.

Tener claro el propósito que se tiene en la vida, es lo que puede cambiar enormemente el rumbo de las cosas, pues no solo esto es lo que puede permitirle a una persona visualizar nuevas perspectivas, sino así mismo ofrecerle diversas opciones que incluso pueden estar muy lejos de involucrar el aspecto económico.

Es por ejemplo el caso de una persona que opta por tomar un espacio con el fin de proteger y/o educar a niños en situación de discapacidad, quien podría estar evidenciando su proyecto como una primera opción a fin de ser un aporte a la sociedad con lo cual dejará espacio quizás posteriormente para su propia vivienda o comodidades dejando que sea más tarde su propio proyecto el que pague este lugar y no lo contrario que es lo común.

De otro lado, es el tener un sentido o un propósito de vida lo que puede hacer que el ánimo de una persona esté más elevado frente a los retos que pudieran estar en frente, que para una que apenas si va a un trabajo por obligación.

Esto en realidad marca una gran diferencia y hace que la perspectiva de vida sea gratificante en actividades que posiblemente nada tengan que ver con el dinero, es aquí en donde rodearse de personas que están en esta misma onda sea tan importante, pues es por el contrario no tener ningún tipo de referente cercano que genere algo en este mismo sentido lo que hace que la vista no llegue más lejos que de lo que apenas se ve.

Cuando se tiene un objetivo claro, digamos como en el primer ejemplo que puse en donde para la persona la idea es educar a niños con discapacidad, puede ser que en adelante ella esté pensando en abarcar una gran cantidad mayor para hacer una gran diferencia en el mundo lo cual requerirá adoptar determinadas estrategias, luego es este mismo compromiso el que le puede llenar de oportunidades inesperadas que más que ser conscientes pueden provenir de distintas fuentes.

Cosas como estas son las que desafortunadamente muchas personas no logran ver, ya que como este ejemplo que puse hay muchas otras oportunidades de servir y he aquí el asunto en donde para quienes no lo logran ver esto quizás solo quede ir por un nuevo crédito.

El Fascinante Mundo del Crédito:

De sus Orígenes a su Impacto en tu Vida Actual.

La palabra «crédito» tiene su origen en el latín. En concreto en crédito, que se puede traducir como «cosa confiada». Por tanto, esta palabra significa confiar algo a otra persona, para nuestro caso dinero.

Los romanos fueron los primeros que desarrollaron esta actividad cobrando unos intereses por prestar el dinero a otros. De esta forma fue como los bancos desarrollaron diversas formas de crédito cada vez más complejas.

Además, el crédito pasó a basarse en otros parámetros y no solo en los ahorros de las personas, por lo tanto, como vimos, por años este ha sido principalmente un beneficio para quienes pueden poner este dinero a producir por encima de lo que se paga en intereses que para quienes solo viven de un sueldo y lo gastan pues ya vimos las razones.

Algo de historia para complementar...

La Gran Depresión de 1929 supuso un antes y un después en la historia de la humanidad y también del crédito. Fueron dos hechos los responsables de su desarrollo.

1. El capitalismo monopolista basado en grandes producciones y, 2. la posibilidad de pagar los bienes con pequeñas cuotas.

Por otro lado, así mismo aparecieron diversos agentes capaces de ofrecer créditos, no solo los bancos. Así, se crearon empresas financieras especializadas que los ofrecían a otras para que estas pudieran financiar a sus clientes. Esto incrementó el costo de estos servicios.

El siglo XXI se puede considerar como la era de la tecnología y esto ha afectado también al crédito. La banca online, los pagos electrónicos y otras actividades realizadas en Internet han contribuido a una complejidad aún mayor en la actividad crediticia.

Aunque la historia del crédito se remonta a la época en donde las comunidades primitivas usaban el trueque como forma de intercambio, esto solo fue así en la medida que la complejidad de los sistemas económicos no era tan alta.

Así también es que surge el dinero como una forma de llevar el registro de lo que se debe a alguien y como forma de simplificar los intercambios en la sociedad, para superar el trueque y sus inconvenientes.

En su libro Deuda, el antropólogo estadounidense David Graeber plantea que el crédito está en el origen de todo el sistema financiero mundial, incluso mucho antes de que existiese el trueque.

La deuda desde la perspectiva histórica que se establece en este libro es concebida como una obligación moral, como un pecado y al mismo tiempo como una herramienta del desarrollo económico.

Las deudas fueron la primera forma en la que se estableció el dinero, ya que sirvieron como el primer instrumento de unidad de cuenta.

Al mismo tiempo se usaron como unidades de intercambio y en la medida en que no se pagaban, servían como obligaciones que se endosaron de un portador a otro.

Si lo pensamos bien, el dinero moderno que todos manejamos es un tipo de deuda. Para situarnos en perspectiva, el autor nos da un ejemplo sencillo:

Un hombre llamado "Carlos" necesita comprar algún artículo, pueden ser un par de zapatos. Suponiendo que no exista un medio de pago como el dinero en efectivo, Carlos se compromete con el zapatero a pagar el equivalente de los zapatos en 10 libras de harina. Sin embargo, Carlos no tiene las 10 libras de harina en el momento, por lo que emite un documento en el que se compromete a pagar las 10 libras de harina al zapatero.

Al cabo de un tiempo el zapatero se olvida de la deuda y requiere comprar alguna cosa en el mercado. Podemos suponer que son cuatro libras de carne.

Como el zapatero no tiene dinero, le da al carnicero el certificado de deuda de Carlos y le dice que cuando lo desee podrá cobrarle a Carlos el equivalente de la carne en libras de harina (las 10 libras de harina que debe Carlos).

El certificado de la deuda puede comerciarse de forma indefinida siempre y cuando todos tengan la confianza en que Carlos cancelará su deuda en algún momento. Paradójicamente para que el sistema funcione, es preciso que nadie nunca cobre de nuevo la deuda original a Carlos.

En este mismo sentido, los bancos centrales actúan como emisores de deuda cada vez que, por medio de las imprentas nacionales, crean dinero. Todo el dinero que se crea en la economía es la garantía o una especie de certificado que alguien en algún momento nos devolverá un valor similar al que portamos en nuestros billetes, monedas o cuentas de ahorro.

La deuda, desde la perspectiva de Graeber y como unidad que da origen al dinero moderno, se basa fundamentalmente en las relaciones de confianza que pueden surgir entre los individuos.

Sin confianza o sin instituciones como los estados que nos den la seguridad de que las deudas serán pagadas, sería bastante difícil crear relaciones sociales que dieran lugar a amplios flujos monetarios y con ellos al desarrollo económico que estos mismos flujos conllevan.

Por esta razón, cuando bloqueas tu capacidad de endeudamiento debido precisamente a la incapacidad de generar más dinero, bloqueas tu crecimiento, es como poner un candado, pero doble y así mismo perder la llave.

Pues en el ejemplo anterior, así como el ejemplo en donde Carlos compró solo un par de zapatos, de otro modo su capacidad intelectual pudo haberle permitido comprar los elementos indispensables para crear su propia fábrica de juguetes de madera, con lo cual él podría haber seguido adelante independientemente de si pagaba la deuda o no, ya que el con su conocimiento podría de algún modo seguir produciendo dinero mientras que con unos solos zapatos no.

En la antigua Roma el crédito con interés era una práctica común y no estaba regulada por ningún tipo de autoridad, por lo que era frecuente que quienes se endeudaban terminarán pagando altas tasas de interés, incluso con su vida, con propiedades o siendo esclavizados.

Se dice que el asesino de Julio César, Bruto, concedía créditos al «módico» interés del cuarenta y ocho por ciento. Para quienes no lo saben cómo dato... Bruto sigue vivo pues hoy hay entidades que cobran este mismo interés :)

De ahí que una persona que toma un crédito, pero no tiene cómo pagarlo porque no tiene una manera de incrementar el valor de lo que pidió prestado, es alguien que estará perpetuando la pobreza para el mismo y sus generaciones futuras pues no estará dejando un legado propiamente a sus hijos sino solo unos patrones de gasto.

Uno de los aspectos desconocidos es que en regiones como Latinoamérica el interés que se paga por créditos como los hipotecarios es mucho más alto que el que se paga en Europa o EE. UU, apenas estamos por debajo de África, esto es lo que hace tan interesante el negocio para la banca en nuestros países.

Esto es un factor fundamental para entender que la situación es muy distinta de la de otros lugares en donde aspectos como el nivel de desempleo o el acceso a posibilidades como la educación es distinto.

Latinoamérica es una de las regiones del mundo que más dinero le debe a China, esto es lo que hizo que se convirtiera en una de las más endeudadas del mundo en especial en los últimos años situación que nos afecta a todos los que vivimos aquí, pues esto impacta en nuestros impuestos y aunque pensemos que de esto nada nos ha tocado, tan solo el hecho de usar las vías como carreteras y arreglos de las mismas ya nos hace responsables.

Según datos obtenidos, los bancos estatales chinos se han convertido en los principales prestamistas en Latinoamérica en donde (un 67%) ha ido hacia proyectos de energía y casi 20% hacia infraestructura.

Esto impacta a nivel de las políticas que adopte cada gobierno, pues aspectos como las reformas tributarias que por lo general entre otras posibilidades casi siempre apuntan hacia el aumento de impuestos lo que hace que el costo de vida aumente y que así mismo situaciones como el aumento en las tasas de interés según lo establezcan los bancos centrales es lo que al final impacta en el bolsillo de cada ciudadano.

Por esto si una familia que tiene un salario que no aumenta mucho en el tiempo y adquiere créditos como el hipotecario que en los casos como el de Colombia aspectos como la inflación lo afectan en especial en la modalidad de pago en UVR, es por lo que el costo de este crédito será mucho más alto a futuro de no ser pagado cuanto antes desmejorando las posibilidades que esta familia pueda disponer de dinero para otras oportunidades, llegando incluso a perder lo que ha logrado.

Este es el círculo vicioso que afronta una sociedad que sin mayores opciones de acceso a una educación de calidad afronta la ignorancia ante situaciones como esta que para otros son de sentido común.

Es así como en otras situaciones de desempleo o de bajas posibilidades de mejora de ingresos son muchas las familias que pierden incluso lo que han invertido quedando por debajo del promedio de una población que pudiera estar en mejores condiciones.

Es por esto que una comprensión profunda de lo que realmente sucede a nivel general es lo que te llevará a tomar decisiones conscientes como por ejemplo la de decidir una mejor formación la que hoy está al alcance a través de internet.

Pues hasta las mejores universidades del mundo han dispuesto sus cursos con certificaciones válidas profesionalmente por lo que antes de pensar en gastar en objetos o experiencias que luego no generan ninguna retribución revisa plataformas como Coursera, en donde te darás cuenta de que esto es verdad.

Entender que una sociedad que además de todo se fundamenta en lo emocional sin mayor proyección de estabilidad financiera es lo que conlleva a entender que los conflictos vienen a falta de un desarrollo integral en los aspectos básicos del ser humano.

No me sorprende ver como apenas a pocos minutos de haber comprendido esto, muchas personas han tomado decisiones conscientes, pues basta con entender que esto no es más que desinformación de un colectivo social que se conforma sin sacar conclusiones de lo que a simple vista observa de su entorno.

Por todas estas razones es que no necesitas un préstamo urgente para pagar tus deudas, sin embargo, lo que sí necesitas es cambiar la forma en la que ves las cosas, es decir tu enfoque. Lo único que necesitas es organizar tus prioridades.

Así las cosas, imagínate que tienes un enorme agujero en el techo de tu cocina por el cual se entran todo tipo de hormigas a comerse a diario tu comida, un agujero al que luego en medio del desespero le echas y le echas todas las mezclas que tienes disponibles esperando poder taparlo alguna vez, pero como no tienes idea que la mezcla que le pones contiene azúcar por eso piensas que la solución es comprar otra mezcla distinta una y otra vez y así pasártela toda la vida...

Metafóricamente hablando si la comida es importante para tu vida como es el dinero que ganas para tu supervivencia por qué no identificar mejores alternativas que te permitan tapar ese agujero de una buena vez de tal modo que al menos no entren tantos bichitos que ni te dejen dormir.

¡La solución análisis! es decir ver de qué tamaño son las hormigas y hacerles frente con opciones puede ser un buen comienzo.

Uno de los principales problemas a los que nos enfrentamos principalmente en Latinoamérica, tiene que ver con sus costumbres que están más que todo dirigidas hacia el consumismo, pues según el último reporte del centro estratégico latinoamericano de geopolítica Celag, América Latina es por lo mismo que cuenta con el sector financiero más rentable del mundo junto con África en primer lugar duplicando y hasta sextuplicando las cifras de los países de Europa y Asia.

Básicamente al prestarle al estado y a los consumidores, la renta generada por el margen de intereses y las comisiones que cobran son las que apalancan los grandes riesgos que pueden tener.

Es decir, aquí la rentabilidad se da por el margen de interés que estos ofrecen en determinados créditos, con lo cual entre más personas estén bancarizadas que es lo que los bancos a través de las Fintech han estado promoviendo últimamente, mayores serán las posibilidades de acceso al crédito lo cual genera la rentabilidad del sistema financiero.

Entendiendo que los créditos que más se comercializan son los de consumo, así como los comerciales y los hipotecarios, estos son una forma de acceder a dinero para cumplir con objetivos personales y de negocios.

Es de aquí entonces de donde surge una pregunta, ¿Qué pasa con aquellas personas que por alguna razón no pueden cumplir con las obligaciones adquiridas? Quienes por ejemplo en caso de una crisis, enfermedad o fallecimiento no son capaces de seguir cumpliendo con dichos créditos.

Si bien es cierto, la mayoría de las instituciones financieras cuentan con un seguro de deudas que respalda a la entidad ante una eventualidad como esta, también es cierto que de no contar con este respaldo dichas deudas se heredarían.

Es como se establece de acuerdo al título XI del Código Civil Colombiano (Del Pago de las Deudas Hereditarias y Testamentarias).

Descifrando el Laberinto del Crédito:

Una Guía Práctica para Identificar las Opciones Inteligentes.

Como dijo Benjamín Franklin "Cuida de los pequeños gastos, un pequeño agujero puede hundir un barco".

Para muchas personas el hecho de desconocer qué tipo de créditos tienen y cuáles son las diferencias entre ellos, es lo que puede convertirse en un arma de doble filo en especial cuando no se sabe manejar bien cada caso en particular. Por esto establecer qué tipo de créditos son los que existen y cuáles son sus diferencias o por lo menos cuál de ellos sería el más conveniente es algo muy importante.

Un ejemplo de ello es el caso de las tarjetas de crédito, las que bien manejadas pueden brindarte múltiples oportunidades ya que si eres una persona que realiza compras en tiendas físicas de manera regular o por internet y no quieres cargar con dinero en efectivo la tarjeta de crédito puede ser una mejor opción generando así muchos otros beneficios.

Sin embargo, cuando de solicitarla se trata, es necesario revisar las condiciones para evitar que en lo posible no se paguen muchos costos adicionales como cuotas de manejo y otros cargos que no representan un gran beneficio, pues ya que el problema se presenta cuando las personas empiezan a hacer compras de manera reiterativa sin necesidad de ello y a veces sin tener los fondos suficientes para poder cubrir las cuotas, es como luego deben refinanciar exponiéndose de esta manera no solo a incluir costos mayores sino muchas veces exponiéndose al pago de intereses excesivos.

Ahora, en situaciones como la remodelación de la casa, o cumplir un proyecto, un crédito de libre inversión puede ser una buena opción, sin embargo, hay que tener en cuenta el monto, los plazos y las tasas de interés ya que este tipo de crédito son por lo general de mediano y largo plazo.

Otro ejemplo es en aquellos casos en donde se solicita un crédito hipotecario, en donde por lo general se otorga hasta el 70% de lo que cuesta el bien.

Este es un tipo de crédito que se caracteriza por tener tasas de interés más bajas y plazos de mediano y largo plazo, lo cual puede ser conveniente para así mantener un mejor flujo de efectivo disponible, sin embargo, buscar pagarlo lo antes posible puede ser una decisión muy inteligente.

Otros de los créditos son los denominados créditos de libranza, lo que es muy parecido al crédito de inversión en donde los pagos se hacen directamente desde descuento de nómina y en donde es la empresa para la cual la persona trabaja hace el descuento de estos pagos para evitar el retraso en las cuotas lo cual en algunos casos garantiza un mejor interés.

Para el caso de los microcréditos que son montos más pequeños los requisitos que se solicitan muy básicos, sin embargo, hay que tener en cuenta que estos son los que generan las tasas de interés más altas que pueden estar incluso por encima de un 45% de ahí que revisar otras alternativas puede ser mucho mejor.

Otro de los casos es el de los créditos comerciales que tienen objetivo, satisfacer las necesidades de capital de trabajo puesto que van dirigidos a pequeñas y medianas empresas para la compra de materias primas o equipos de trabajo y se caracterizan por ser de mediano o largo plazo y cuya garantía puede comprometer las ventas de la empresa o la misma maquinaria que se compra.

Ideal para quienes empiezan y ven en esta una posibilidad como en el caso del Leasing, que permite tener además una opción de compra.

También existen los créditos educativos que se enfocan únicamente en el pago de estudios en donde muchas veces son en alianza con instituciones educativas para financiar el aprendizaje. Este crédito se caracteriza por tener tasas de interés especiales y plazos de pagos hasta el término de los estudios.

Créditos con garantía prendaria es lo que hace referencia al bien que se ofrece para respaldar un préstamo esto quiere decir que si el deudor deja de pagar a la entidad esta puede quedarse con la propiedad o el objeto adquirido normalmente los bienes que más se utilizan para este fin son los vehículos.

La compra de cartera también es una alternativa que ofrecen algunas entidades dando la posibilidad de unificar las deudas en una misma entidad hacer esto puede traer beneficios como mejores tasas de interés a plazos más largos y el manejo de la deuda en un mismo lugar lo que en algunos casos permitirá mantener un mejor manejo del presupuesto.

Metafóricamente hablando y basándome en mi propia observación, algunas deudas son como plantas, aunque la mayoría de las veces son prácticas y útiles ya que hasta nos dan sombra en momentos de necesidad, otras son devoradoras.

Por ello reconocer que algunas se extienden como las higueras y que otras se mantienen fijas en el tiempo como los cactus, o que algunas crecen tan alto que hasta se suben a las paredes es lo que dará la pauta para saber qué manejo dar.

Cuando reconocemos cual especie es la que tenemos, así como las plantas en nuestra casa, podemos darle un mejor manejo, bien sea para que no se extienda tanto si es que es el caso o simplemente para que no cubra nuestro techo y termine tapándonos.

Hoy desafortunadamente el desequilibrio que se genera entre el aumento en la inflación y como consecuencia en las tasas de interés, hace que esto se vuelva un gran inconveniente para muchos debido a que al no generar ingresos producto de sus inversiones, es por lo que su economía cada vez está más deteriorada causando no solo los conflictos propios de incertidumbre e inestabilidad, sino otros asuntos que impactan a nivel personal y hasta familiar.

El estar en un vaivén constante influenciado por los asuntos externos como pueden ser los impuestos, hace que el costo de vida sea cada vez más alto, por ende, mientras no se tome conciencia de una mentalidad de ahorro y posterior inversión es difícil que se llegue a un mejor punto.

De todos modos, cualquiera que sea la circunstancia por difícil que parezca siempre tiene una salida, que en muchos casos puede ir desde un recorte de gastos y en otros también posibilidades como lo que se conoce como venta de cartera, lo que significa pasar a un nuevo crédito con mejores condiciones. Según sea tu caso consultar no sobra.

Puesto que cada banco o entidad crediticia tiene sus características de acuerdo al tipo de crédito como por ejemplo la tasa o porcentaje de interés a cobrar, forma de pago, duración máxima, aplicación de intereses de mora, cuotas de manejo, además de otros servicios, es por lo que conviene revisar cada una para establecer un mejor panorama y así tomar decisiones.

Es por esto que a continuación te daré los 5 pasos creativos que considero son esenciales para que, una vez puestas tus finanzas en orden, puedas avanzar en tus proyectos, pero no sin antes hablar de esto que considero es bien importante.

SOS Financiero:

Estrategias Creativas para Domar la Ansiedad y Recuperar la Calma Económica.

Es normal sentir ansiedad en especial cuando algunas de las noticias que escuchamos dan miedo representando en ocasiones una carga para nuestro bienestar físico y mental, también cuando asuntos cotidianos nos llevan hacia el gasto como única opción o salida con lo cual lo ideal es planear priorizar preparar y así mismo distanciarnos de situaciones o lugares que no nos generan alegría y comodidad en nuestra vida cotidiana y no nos son útiles para nuestro propio crecimiento.

Dentro de los consejos para calmar la ansiedad por salir a comprar, se encuentran los ejercicios de respiración que pueden ser enfocados como una gran manera de reducir la ansiedad y el estrés cuando se comienza a sentir que está aumentando.

Utilizar un repertorio de opciones que no necesariamente conlleven a la compra de objetos sino al anticipo de manera de realizar actividades puede ayudar mucho en estos momentos, pues recordemos que casi siempre estas situaciones se presentan en momentos donde no se tenía nada planeado o simplemente en medio de situaciones sorpresa para las cuales no estábamos preparados.

Es útil manejar listas de cumpleaños, compra de ropa y otras actividades con el fin de lograr ser más efectivo en los procesos que podemos utilizar.

Por ejemplo, si sé que en enero tengo varios cumpleaños lo ideal puede ser tener con anticipación un presupuesto destinado a estas fechas con el fin de en una sola salida comprar aquellos detalles, papeles, cintas y demás que ahorrarán tiempo y esfuerzo y del mismo modo cosas que antes no habían estado a nuestro alcance.

Buscar compartir experiencias agradables con quienes se quiere, como por ejemplo montar a caballo, salir a llevar la mascota al parque, escuchar el ruido de la lluvia, encender una chimenea o pintar hace que una actividad que no implica mayor costo sea mucho más placentera.

Sembrar plantas e incluso cocinar puede hacer que la sensación se vaya a sí mismo tener rutinas especiales en casa como por ejemplo poner flores, esencias o generar algún tipo de spa en casa, tener velas y productos que aromaticen pueden ayudar no solo a mejorar la calidad de vida dentro del hogar sino hacer que nos sintamos mucho más satisfechos lo que puede hacer que no haya necesidad de salir a buscar hacer compras de cosas innecesarias.

En internet hay muchas ideas de cómo generar objetos o artículos que pueden ser incluso reciclados pero que si se saben generarse saben crear pueden ser muy lindos objetos decorativos.

La meditación, por ejemplo, es muy importante para sentirse tranquilo, y feliz. El sentir que todas las cosas son posibles es lo que dará un mejor matiz a nuestra vida sin tener la idea de que todo se trata de dinero.

En realidad, el hecho de preocuparse por estrés financiero no va a llevar a mejorar la calidad de vida a menos que se tome conciencia del momento presente y se lleve a cabo las actividades necesarias para salir de este estado, por lo que muchas personas para evitarlo lo que hacen es evitar revisar sus cuentas lo cual es contraproducente puesto que esto puede generar más ansiedad de la necesaria e incluso problemas mentales y de salud.

Una encuesta realizada en 2018 mostró que el 44% de la gente considera que el dinero es su principal fuente de estrés operando en otras áreas como las relaciones personales y los retos laborales y también por falta de preparación al no entender los términos financieros y las cifras por lo que la reacción más común a este sentimiento de la evasión.

Por ello, si no sabes cómo están tus finanzas no sabes qué tan mal o bien están evadirlas en lugar de administrarlas empeora el panorama.

Es por esto que antes de avanzar en la toma de decisiones, lo ideal es encontrar cuál es ese punto débil, en donde está la situación que requiere ser trabajada si acaso te faltan ingresos o a lo mejor es solo falta de organización. Si quizás el tema es que no sabes cómo proyectarte mejor para cambiar a otra labor o tal vez te preocupan las situaciones inesperadas.

Cada persona es distinta en función de sus intereses y es por esto que el manejo se debe dar a través de métodos que ayuden a revisar las áreas de oportunidad, ante todo evitando el consejo de personas que no tengan experiencia en lo que tú necesitas revisar ya que la reacción de las personas como seres humanos es ayudar, sin embargo, cuando no se tienen las herramientas adecuadas es posible que se empeore el asunto.

Levantarse la mañana con un pensamiento positivo, buscar la meditación y empezar a leer o buscar soluciones a través de nuevas experiencias puede ayudarnos a aclarar muchas inquietudes en especial cuando también aprendemos sobre términos financieros durante el transcurso del día.

Recuerda que al menos al no ser la única persona que se encuentra en esta situación, darte cuenta de que a veces es un problema de desconocimiento general puede hacer que los sentimientos y las palabras negativas no solo alimenten los pensamientos ansiosos, sino que pueden empeorarlos.

Preocupaciones como incertidumbre ante el futuro o sensación de no poder afrontar las diversas situaciones que se puedan presentar, pueden ser a veces solo una falta de información.

Recuerda que como seres humanos no podemos desconocer nuestras propias emociones lo que sí podemos hacer es reconocer qué situaciones son las que hacen que entremos en conflicto o en bloqueo y así mismo dar manejo adecuado que se pueda resolverlo.

Recuerda que además hoy existen diversas herramientas de crecimiento personal que pueden ayudarte a encontrar aspectos que pudieran ser desconocidos, con lo que quizás puedas mejorar la comprensión y quizás la manera que tienes de ver muchas cosas.

¡Despegue a la Tranquilidad!

Ahora si vamos a los 5 pasos...

Paso 1: Desata el Poder del Orden Financiero: Tu Primer Acto Creativo hacia la Libertad.

Lo primero para saber en qué punto te encuentras será hacer un inventario de tus deudas, pues muchas veces al no hacer esto es por lo que podemos tener estimaciones irreales bien sea positivas o negativas sobre lo que en realidad estamos considerando.

Es por eso que para cuantificar esto lo mejor es saber:

A quién le debes, cuánto le debes, a qué interés, cuál es el saldo y así mismo cual es la cuota mínima que puedas pagar.

Recuerda que esto se hace para analizar opciones entre ellas, por ejemplo, la de revisar si hay alguna deuda pequeña que puedas pagar en su totalidad o quizás ofreciendo algún intercambio o servicio para quedar al día.

Otra opción es revisar la posibilidad de tomar un solo crédito por el monto total, en especial cuando el interés que encuentras en otro lugar es mejor que el que tienes actualmente.

También una fórmula que ayuda mucho es la ya conocida efecto "Bola de Nieve" la cual consiste en doblar el abono de la deuda pequeña e ir sumándolo a la que sigue, haciendo lo mismo sucesivamente con la siguiente con el fin de pagar todo más rápido.

Y mi favorita...

Si al totalizar todas las deudas y establecer el monto mensual esta se divide en los 30 días del mes, tendrás un nuevo valor diario por lo que así al darte cuenta de que este es muy pequeño puedes enfocarte en cada día generar este valor a través de alguna alternativa y así terminar los pagos en menos tiempo :)

Esto en realidad fue lo que hice yo en una época en la que las deudas eran inmanejables para mi, pues cuando me dí cuenta de que el dinero que necesitaba para cubrir lo que debía era poco significativo comparado con un valor mensual que me quitaba gran parte de mi salario, comprendí que de igual manera podría lograr muchas más cosas.

Así teniendo en mente siempre una meta diaria, me propuse buscar algo que vender, un servicio que ofrecer o algo que intercambiar.

Algunas veces dada mi facilidad para las manualidades hice objetos decorativos, accesorios y pequeñas creaciones las que, aunque de bajo precio ayudaron en mucho a mejorar algo que yo veía lejano o difícil.

En realidad, esto no era algo a lo que yo considerara que me iba a dedicar, sin embargo, al darme cuenta de que contaba con otras habilidades fué como analicé otras nuevas posibilidades.

Un error que cometemos a veces es no darnos cuenta de lo mucho que tenemos para ofrecer pero que por algo no aprovechamos.

Solo al revisar las alternativas y visualizarlas en el papel, es como irás encontrando cada vez nuevas soluciones que van desde proponer algún tipo de trueque, vender algo que ya no uses, hacer algún tipo de rifa, por lo que el siguiente paso tiene que ver con revisar qué oportunidades tienes y cómo ponerlas a tu servicio.

Por esto lo siguiente que debes hacer es un inventario de tus virtudes, cualidades y conocimientos y ¿Para qué esto? Para que ahora que ya tienes tus deudas bajo control, te concentres en tus metas de crecimiento y en ese mapa de sueños que tienes pendiente.

Como te dije en capítulos anteriores el conocimiento es clave para que a partir de esto, encuentres oportunidades como, por ejemplo:

Sabes coser y tienes una máquina, pero no se te había ocurrido ayudar a cambiar los manteles del negocio de algún amigo, esto puede ser una muy buena idea ya que tal vez él ni siquiera se había dado cuenta de esto y tú con tu creatividad lo puedes convertir en un negocio.

O si te gusta enseñar y piensas que puedes dictar clases de algún tema, tal vez puedes ayudar a reforzar en alguna materia a algún hijo de un conocido validando una nueva oportunidad para otros chicos, o si simplemente eres buen@ conversando con la gente y podrías ayudar en un negocio atendiendo los clientes en tu tiempo libre a fin de desarrollar una nueva habilidad para cuando estés listo para avanzar en lo tuyo, al final son cosas relativamente fáciles de poner en práctica desde ya con las cuales puedes generar una nueva fuente de ingresos y por ende una mejor ruta hacia eso que deseas lograr.

Poner en el papel las opciones, así como tus propios sueños es lo que te dará muchas posibilidades de ampliar tus horizontes, pues somos seres que al contar con ilimitadas capacidades podemos cambiar todo nuestro mundo.

Por eso, aunque puedas creer que algo es poco, e incluso en ocasiones sientas que es algo que tu no concibe tu "ego" siempre es más importante lo que tu piensas acerca de las cosas, pues déjame decirte que no te imaginas las muchas posibilidades que a partir de una sola idea se pueden abrir si tan solo estamos dispuestos.

Así mismo, el reconocer qué personas son las que te rodean, tal vez vecinos y familiares o excompañeros de estudios que te pueden facilitar entrar en círculos en los que a lo mejor encuentras cierto interés como también oportunidades de ayuda mutua es bastante importante. Incluso si tienes ahora mismo una profesión definida y quieres avanzar, esto te ayudará mucho a proponer servicios, productos e incluso maneras nuevas de ver las cosas.

Claro está, no se trata de ser "todero", se trata de ser estratégico delegando también algunas cosas :)

Analizar qué cosas necesitas mejorar como por ejemplo el hecho de ampliar tus conocimientos en un área específica como por ejemplo Márketing, Ventas o comercio electrónico puede ayudarte a crear múltiples posibilidades.

Fortalecer las propias cualidades, conocimientos, así como el grupo de conocidos es y será siempre muy importante ya que priorizar lo que te es importante, como tu economía es lo que dejará tiempo para solucionar muchas más cosas.

Por eso si por el contrario, solo vivimos en función de la vida de un pequeño círculo que siempre nos acompaña, generaremos con ello sensación de estancamiento ya que si este grupo no va a ningún lado más que a un cambio de empleo, pues es un tiempo que puede ser de provecho si lo usamos en ideas nuevas y en nuestro propio beneficio.

Analiza si en lugar de estar comprando regalos o cosas que a lo mejor en poco tiempo perderán su valor, qué tan posible te es invertirlo en tu propio crecimiento.

Muchas veces los conflictos que observamos tienen que ver con cuánto estamos dispuestos a ir tras una mejor calidad de vida, pues si sobreponemos los intereses de otros por encima de los propios puede que no estemos viviendo una vida propia.

Paso 3: Crea tu Sinfonía Financiera: Un Presupuesto que Armoniza tus Ingresos y Egresos.

Establecer un plan detallado con el paso a paso para llevar a cabo los objetivos analizados anteriormente, aunque debas cambiar algo por el camino es tan importante como el registro que debemos llevar de nuestros gastos diarios.

Te confieso, a mí al principio al desconocer también esto me costaba mucho, sin embargo, en la medida que vi el beneficio, se me hizo algo incluso divertido. Entendí que esto también era amor propio.

Ya que por el contrario cuando esto no se hace, es la razón por la que perdemos el rumbo e incluso hasta se nos olvida lo que pensamos en un inicio.

De este modo podemos hacer algo como esto:

Responder: Qué habilidad tengo, de qué recursos dispongo, a quién le puede servir lo que tengo, Cuánto puedo cobrar por esto, Qué tiempo me tomará cumplir con mi meta.

Todas estas preguntas son las que harán que muchas nuevas ideas lleguen a nuestra mente y que soluciones más prácticas incluso que las que habíamos pensado en un comienzo aparezcan.

Ahora, habiendo validado nuestra capacidad para generar nuevos ingresos así como la de desarrollar nuevas habilidades es como podemos hacer un presupuesto de una manera mucho más tranquila y organizada.

La fórmula sería: Ingresos - Metas - Gastos = Ahorro e Inversión.

En especial si ya te diste cuenta que invertir en conocimiento para mejorar tu negocio te puede ayudar a avanzar mucho más rápido, es como tu motivación va a mantenerse en el camino correcto y sobre todo en la vía hacia tus sueños.

Muchas veces es tan solo la falta de analizar cuánta experiencia tenemos en algo y cómo es que la podemos aprovechar lo que hace que no seamos conscientes de cuánto tenemos a nuestro favor, esto es lo que nos hace quedarnos inmóviles frente a situaciones que podrían ser fáciles de manejar ya que del mismo modo cuando ayudas a alguien a solucionar o conseguir algo de lo que él quiere es cuando creas más confianza en ti.

Paso 4: Domina el Arte de Optimizar: Estrategias Ingeniosas para Ahorrar y Crecer.

Mantener un presupuesto en especial en donde los gastos fijos son mucho menores que nuestro ingreso, facilitará el que la mente pueda estar disponible para nuevas ideas todo a causa de una menor presión.

De ahí que de ser necesario te sugiero, al menos mientras estabilizas tus finanzas, que pagues en lo posible cosas como una menor renta, o tan solo seas consciente de cuánto gastas en alimentos o en aquellos que no son saludables. Estos son los gastos más grandes que a veces consumen una gran parte de nuestro dinero.

Por esto, si por el contrario mientras intentas hacer todo esto, tu mente está ocupada pensando en mil cosas puede que nunca te concentres, ni encuentres siquiera el significado en esto.

Saber cómo centrarse en lo importante es necesario, pues no se trata de ser egoístas sino de cuidar el tiempo y dinero del que disponemos para así saber cómo invertirlo mejor, ya que muchas veces al vernos en situaciones como el sentirnos culpables por ir a visitar a alguien con un regalo que consideramos "Bueno" es por lo que dejamos lo verdaderamente importante de lado como la capacitación en el conocimiento que nos dará mejores recompensas que incluso en adelante ayudarán mejor a otros.

Dejar de gastar dinero en cosas que en poco tiempo no tendrán valor y centrarte en las que sí, puede hacer una gran diferencia en tu vida y tu futuro financiero.

Es decir, si por ejemplo compras un objeto, pero digamos que este no va a tener un beneficio de retorno significa que más allá de la emoción del momento habrás echado tu dinero a la basura.

Por el contrario, si haces por ejemplo un curso que te beneficie y ayude a crecer, significa que independientemente de si te vas a dedicar a eso o no siempre podrás sacar provecho de aquello que aprendiste ya que esto es invertir en ti.

Por ejemplo saber cómo crear alianzas para enviar tus productos a nuevos lugares o cómo crear sistemas de ventas efectivos, puede hacer la diferencia en la motivación que tengas cada vez que logras nuevas metas.

Ser creativo@, es utilizar todo cuanto puedas para avanzar, es por ejemplo no menospreciar un empleo temporal que además de fortalecer tu conocimiento te puede dar muchas recompensas.

Paso 5: Conquista tus Deudas con Creatividad: El Camino Definitivo hacia la Tranquilidad.

Ten siempre planes nuevos y mejóralos. La deuda en sí no es mala tan solo si sabes cómo aprovecharla ya que no es lo mismo tomar un crédito para pagar algo pasajero que por ejemplo cuando inviertes este dinero en algo que te genera un mayor crecimiento.

Servir con lo que sabes, es crear de paso tu propio mundo. Recuerda que una idea puede llevar a otra y que varias juntas pueden generar muchas oportunidades.

Por esto, empezar por visualizar las cosas como te gustaría que fueran con el mayor detalle posible, es lo que hará que día a día trabajes por ello, pues no se trata de hacer grandes esfuerzos de un momento a otro sino de ir teniendo pequeñas victorias cada día.

Sin embargo, debes saber que ante todo la tranquilidad es un estado emocional y mental y más que una cantidad de dinero específica que tengas en el banco es Fé que todo siempre va a estar bien por lo que es algo que solo encuentras cuando comprendes cosas en ti en tu valor ya que cuando confías en ti y en la vida misma esta te recompensa.

Solo cuando somos conscientes que somos imagen y semejanza de una fuente inagotable, para mi llamada Dios es cuando entendemos que somos parte de un destello que es capaz de crear, por eso cuando comprendemos con certeza absoluta que somos parte de la divinidad es cuando la preocupación desaparece para dar paso a todo lo que tenemos enfrente.

Por todo esto es por lo que mi deseo para ti es que a partir de ahora alcances tu máximo estado creador de oportunidades y que con él desarrolles el potencial que ya está en ti.

Que la confianza y propósito se unan para acompañarte y que así mismo con amor puedas servir a otros.

Adelante, no estás sol@.

Conclusiones:

De acuerdo a lo que vimos, sí quizás la mejor opción que como seres humanos podemos seguir es la de incrementar nuestro valor de intercambio, es decir de aquello que aportamos a la sociedad.

Significa entonces que para no quedarnos en el mismo punto podríamos decir que el aprovechar de inmediato nuestras virtudes en beneficio de otros es la mejor alternativa que podemos observar, pues al final es la que dicta lo que se nos facilita en la vida y lo que no con lo cual podemos concluir que parte es de nosotros el generarnos un mejor bienestar y no del dinero en sí.

Es por eso que, si la clave para generar tranquilidad está principalmente en poner en orden a partir de ahora lo que se debe, eso es estar en el camino de lo que realmente queremos.

Solo cuando entendí esto, mi mundo cambió. Sólo cuando pude darme cuenta de lo que sucedía en mi interior y de lo que yo podía aportar desde mi propia experiencia entendí que el dinero era solo una excusa.

Es por esto que permitir que el pensamiento negativo que muchas veces tenemos acerca de nosotros nos invada sin hacer retrospectiva de lo que ha pasado incluso antes que naciéramos con nuestros padres, abuelos y demás personas quienes a lo mejor no tuvieron esta misma instrucción a lo mejor porque nadie se los dijo, es limitar nuestras posibilidades de crecimiento y de paso perdernos de rumbo.

Si comprendiéramos el poder que tiene el ocuparnos más de nuestros propios asuntos y de mejorar nuestras habilidades para cooperar con otros, no tendríamos tiempo de pensar en si el dinero es escaso o no o si quiera si de dónde venimos era igual, porque seríamos nosotros mismos quienes seríamos más conscientes siempre de cómo producir mejores circunstancias.

El problema se presenta, cuando mantenemos en la búsqueda de que circunstancias externas como una ayuda del gobierno o la "suerte" de obtener algo bueno en algún momento de la vida lo que denominamos un buen trabajo o una mejor oportunidad se presenten en lugar de optar por algo tangible y próximo, por atender lo que tenemos aquí en el presente.

Es por esto que como lo mencioné en la portada de este libro, espero pongas en práctica los 5 pasos que te sugiero, los mismo que considero fundamentales para empezar a poner en práctica todo lo aquí aprendido.

Comentario:

Ser creativo va más allá de lo meramente artístico, pues si te fijas detenidamente, todo lo que está hecho en sí ya es arte, pues todo lo que ves a tu alrededor en algún momento fue primero la idea de alguien.

Por eso es simplemente pasar de ser un seguidor a lo mejor con miedo a ser un creador con amor y así mismo de tus propias oportunidades hará una gran diferencia en tu vida y en la de quienes te rodean.

Quienes han escrito muchos de los libros que hoy conocemos, son personas que por lo general nos transfieren una compilación de ideas y conocimientos de muchos otros que los precedieron, acortándonos el camino.

Es por lo que siempre digo, en el **conocimiento está la clave.**

www.ingramcontent.com/pod-product-compliance
Lightning Source LLC
Chambersburg PA
CBHW070917220526
45467CB00004B/1443